하나님은 어떤 분일까?

레이첼 헬드 에반스·매튜 폴 터너 지음   잉 후이 탄 그림   박총·박김화니 옮김

바람이불어오는곳

책을 읽기 전에

이 책을 읽으면서 여러분은 사람을 향한 레이첼의 따스한 마음과
언어를 대하는 그녀의 애정, 또 미지의 세계에서 레이첼이 발견한
위안이 무엇인지 보게 될 것입니다.

2019년 3월, 레이첼은 아이들을 위한 책을 구상하고 원고를 쓰기
시작했습니다. 부모가 된 지 얼마 안 된 레이첼과 저는 인생의 전혀
새로운 단계에 접어들었습니다. 아들 헨리는 막 세 살이 되었고,
딸 하퍼는 아직 아기였습니다. 레이첼은 이 아이들에게 즐겁게 들려줄
이야기를 쓴다는 생각에 들떴습니다. 또한 우리는 큰 계획을 가지고
있었고 가족이 살 새로운 집을 짓고 있었습니다.

그러나 인생이 항상 뜻대로 되지 않는 건 냉혹한 현실입니다.
레이첼은 자신의 집필 계획을 마무리할 수 없었습니다.
4월에 몸에 이상이 생겨 병원을 찾은 레이첼은 딸 하퍼의 첫 돌을
두 주 앞둔 5월 4일에 세상을 떠났습니다.

레이첼의 병상을 지키는 동안 매튜는 저와 함께해 주었습니다. 매튜가 레이첼 및 그녀의 작품과 맺은 인연은 지금 여러분 손에 들려 있는 이 책에, 글과 그림이 한 편의 아름다운 시처럼 어우러진 이 작품에 스며들었습니다. 매튜는 레이첼이 작가로 경력을 쌓기 시작하던 초기부터 그녀의 작품을 높이 평가했습니다. 레이첼이 「뉴욕 타임스」 베스트셀러 작가로 이름이 오르고 방송에 출연하기 전부터, 또 매튜 자신이 어린이 도서 작가로 유명해지기 전부터 말이죠. 매튜와 함께 이 책을 내게 되어 자랑스럽습니다.

잉 후이 탄과 함께 작업한 것 역시 영예로운 일입니다. 잉 후이는 레이첼과 매튜의 생각을 숨막힐듯 아름다운 그림으로 표현해 주었습니다. 이 작품을 만들기 위해 수고한 레이첼, 잉 후이, 매튜, 그리고 컨버전트 출판 팀에 감사드립니다. 예술가들이 힘을 합쳐 만들어 낸 작품을 여러분과 나누게 되어 얼마나 기쁜지 모릅니다.

우리는 모두 이 삶을 함께 살아가는 길동무입니다. 함께일 때 우리는 서로를 돌보게 됩니다. 그러니 저와 함께 이 책을 읽어 가며 찾아봅시다. 책갈피에 담긴 오래된 상징과 비유, 옛 이야기와 사랑, 선한 것을 찾으려는 헌신된 마음과 모든 사람을 받아들이려는 열린 마음을 말이죠. 함께일 때 우리는 이 광대한 우주에서 우리 자신이 지극히 미미한 존재이지만 동시에 얼마나 숭고한 존재인지 발견하고 놀라게 됩니다. 그러니 우리 함께, 다음 질문을 따라가 봅시다.

하나님은 어떤 분일까요?

Dan

레이첼의 배우자
다니엘 존스 에반스

하나님은
어떤 분일까?

그건 아주 큰 질문이야.
시간이 시작될 때부터,
세상 모든 곳의 모든 사람이 궁금해했던
아주 큰 질문이란다.

그 누구도 하나님의 전부를 본 적은 없어.
우리가 그분을 완전히 보기에는
하나님은 너무너무 크시거든.

그래도 우리는
하나님이 어떤 분이신지는 알 수 있단다.

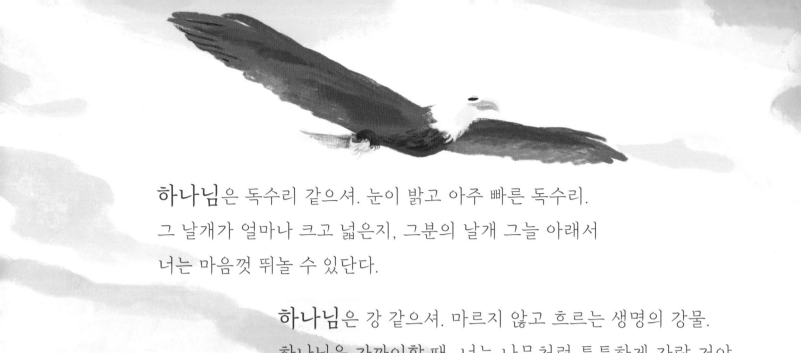

하나님은 독수리 같으셔. 눈이 밝고 아주 빠른 독수리.
그 날개가 얼마나 크고 넓은지, 그분의 날개 그늘 아래서
너는 마음껏 뛰놀 수 있단다.

　　　　하나님은 강 같으셔. 마르지 않고 흐르는 생명의 강물.
하나님을 가까이할 때, 너는 나무처럼 튼튼하게 자랄 거야.

하나님은 별과 같단다.
영원히 계시고, 환하게 빛나시지.
아무리 멀리 떨어져 있더라도
너는 언제나 그분을 바라볼 수 있고,
너를 향해 윙크하시는 하나님을 보게 될 거야.

하나님은 용감하고 참 좋으신 목자야.
자기 양들을 너무너무 사랑해서,
늘 지키시고, 돌보시고,
하나하나의 이름을 알고 부르신단다.

하나님은 강하고 안전한 벽으로 쌓은,
절대 무너지지 않는 요새 같아.
네가 두려울 때,
조용히 쉴 곳이 필요할 때,
너를 지켜 줄 공간이 하나님 안에 있단다.

하나님은 정원사 같아.
끈기 있게 기다리고 기르시거든.

심으시고, 물 주시고,
가꾸시고, 거름을 주시지.
땅 위에 나는 모든 좋은 것들이
햇빛을 머금고 자랄 때까지 말이야.

하나님은 촛불의 불꽃 같아.
따뜻하게 끌어당기시지.

하나님 가까이 있을 때,
너는 빛을 바라볼 수 있단다.
가장 깊은 밤 한가운데서도
그 빛을 보며
어둠을 뚫고 나갈 수 있지.

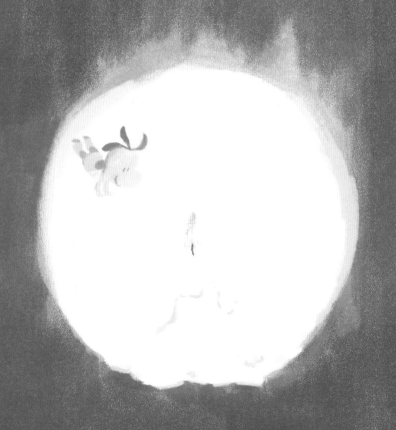

하나님은 바람 같아. 정열과 신비로 가득 찬 바람.
여기 계시고 또 신비롭게도 저 너머에도 계시지.

하나님은 어디에나 계셔서,
세상을 두루 휘감고
휘파람을 불면서 산줄기를 넘나드시지.
나무 사이를 바스락거리며 스쳐 가시고,
산들바람 부는 날엔 네 뺨을 어루만지신단다.

하나님은 예술가 같기도 해.
창의적이고, 우리의 생각을 뛰어넘으시지.
찬란하고 새로운 것을 만들고 또 만드시느라
늘 바쁘시단다.

하나님은 엄마 같아.
강하고 또 안전하시지.

네가 원할 때면 넌 언제나
그분의 무릎에 올라가 앉을 수 있어.
그러면 엄마처럼 하나님은
네가 잠들 때까지
널 안아 주실 거야.

하나님은 아빠 같기도 하지.
다정하고 안전하시단다.
하나님은 아빠처럼 어깨에 너를 태워,
하늘을 나는 새처럼
저 큰 세상을 보게 해 주실 거야.

하나님은 세 명의 무용수처럼
우아하고 또 섬세하시단다.

세 분은 같은 음악에 맞춰
전혀 다른 몸짓으로 움직이시면서,
우아하고도 리듬감 넘치는 무대를
네 삶에 선보여 주실 거야.

하나님은 무지개 같기도 해.
아주 선명하고, 모든 색깔을 가진 무지개.
어렵고 힘든 일 너머에
모든 사람을 위한 약속과 희망이 있음을
눈이 부실 만큼 또렷하게 떠올려 주실 거야.

하나님은 가장 좋은 친구 같아.
진실하고, 언제나 믿을 수 있지.
형, 누나, 언니, 동생보다도
너랑 더 가까운 친구란다.

하나님이 어떤 분이신지 하나둘씩 알아갈 때

우리는 알게 될 거야.

하나님은 선하시고

하나님은 용서하신다는 것을,

하나님은 더디 화내시고

하나님은 서둘러 기뻐하신다는 것을,

하나님은 네가 진리를 말할 때 기뻐하시고
세상이 공정하지 못할 때 슬퍼하신다는 것을.

하나님은 너를 지키시는 자.

하나님은 신뢰할 수 있는 분.

하나님은 네가 혼자일 때 너의 친구란다.

하나님은 기대하시고,

하나님은 기다려 주시지.

하나님은 어떤 분이실까?

그건 **아주 큰 질문**이야.
세상 모든 곳의 모든 사람이
여러 가지 다른 방식으로 답을 해 온 질문이란다.
　　　너도 찾아보렴.
　　　계속 질문하고, 계속해서 하나님을 배워 가렴.
　　　하지만 하나님이 어떤 분인지 잘 모르겠거든,
　　　그땐 생각해 봐.
　　　무엇이 너를 안전하다고 느끼게 해 주는지,
　　　무엇이 너를 용감하게 만들어 주는지,
　　　무엇이 너를 사랑받는다고 느끼게 해 주는지.
　　　그러면 하나님이 어떤 분인지
　　　알 수 있을 거야.

헨리와 하퍼에게.
신비 속에서 위안을 발견하길.

하나님은 어떤 분일까?

초판 1쇄 인쇄 2022년 4월 21일
초판 1쇄 발행 2022년 5월 19일

지은이 레이첼 헬드 에반스, 매튜 폴 터너
그린이 잉 후이 탄
펴낸이 박명준

편집 박명준   펴낸곳 바람이 불어오는 곳
디자인 김진성   출판등록 2013년 4월 1일 제2013-000024호
독자 일독 강현아 김경아 민수라   주소 03309 서울 은평구 연서로 44길 7, 422-902
제작 공간   전자우편 bombaram.book@gmail.com
                      문의전화 010-6353-9330   팩스 0504-323-9330

ISBN 979-11-91887-02-0 03230

바람이불어오는곳 은
교회 안과 밖 사람들의 신앙 여정을 담은 즐거운 책을 만듭니다.

f ⓘ bombaram.book

우리는 하나님을 알지만 동시에 하나님을 잘 모릅니다. 100층 빌딩 앞을 기어가는 개미가
그 건물이 얼마나 큰지 헤아리기 어렵듯, 인간이란 사소한 존재가 하나님의 광대함을 가늠하기란
난망입니다. 더구나 우리 인간은 언어로 사유하는데 불완전한 언어 역시 완전한 신을 포착하고
표현하기엔 역부족입니다. (언어의 부박함에도 불구하고 하나님은 지상의 언어로 당신을 계시하고,
우리가 그 언어로 당신을 부르면 만나 주십니다.) 정리해 봅시다. 하나님을 알기엔 우리네 존재가
미소(微小)하고, 하나님을 담기엔 우리네 언어가 조악합니다. 이런 우리에게 두 가지 선택지가 있습니다.

첫째는 침묵입니다. 하나님은 우리가 결코 알 수 없는 신비이기에 그분을 두고 입방아를 찧지 않는
것입니다. 신비(mystery)는 '눈이나 입을 가리다'라는 뜻의 그리스어 '무오'(μνω)에서 유래했습니다.
신비이신 그분 앞에 우리의 마땅한 반응은 침묵입니다. "너희는 잠잠히 있어 내가 하나님임을
알지어다"(시 46:10)라는 말씀이 우리에게 응하기를 빕니다.

둘째는 비유입니다. 하나님을 다 아는 것처럼 단정하기보다는 하나님을 다른 것에 견주어,
빗대어 말하는 것이지요. 하나님을 신학적으로 논하기보다 비스듬히 비유할 때 더 잘 알 수 있다는
것은 흥미로운 역설입니다. 비유는 하나님에 대한 생생한 이미지를 선사하는데 그 이미지야말로
그분과 우리의 관계를 좌우합니다. 이런 맥락에서 은유의 신학자 샐리 맥페이그는 "헤겔이 어린이와
미개인과 여성의 언어라고 부른 것, 즉 이미지의 언어가 우리가 하나님에 관해 말해야 하는 유일한
언어"라고 했습니다. 실제로 구약은 그분을 반석, 목자, 용사, 요새, 방패, 빛, 그늘, 산파, 남편,
이슬 등으로 무궁무진하게 비유합니다. 신약에서 이 땅에 오신 하나님은 스스로를 길이요 문이며,
생명의 떡이자 세상의 빛이요, 참 포도나무 등으로 칭했습니다.

저는 신앙은 작명이라고 생각합니다. 삶의 갈피마다 나를 찾아온 신의 이름을 짓고 거기 깃드는
것이지요. 어린 제게 하나님은 환대자와 야구팬이요, 사춘기의 그분은 시인이자 기타 줄이었습니다.
청춘 시절엔 바람과 들꽃이었고, 결혼을 하고 네 번 부모가 되면서는 자궁, 젖 먹이는 산모,
밥을 고봉으로 떠 주는 어머니였습니다. 멀리 남의 나라에서 살 적에 그분은 유색인, 이방인,
유목민이었습니다. 지금도 만화경 같은 다채로운 그분의 얼굴을 봅니다. 장난꾸러기, 우울증, 심술쟁이,
파티 보이, 오후의 고양이, 오랜 친구…….